LEBENSSONNE GERD

MEIN KLEINES BÜCHLEIN ZU MEINEM LEBEN

VORWORT

Gerd Steinkoenig hat eine Erinnerung geteilt.

2. Januar um 17:20 ·

Ewigleben Molly - dank Internet und meinen Büchern...

Vor 3 Jahren
Deine Erinnerungen anzeigen

2. Jan.

Hab das yt-Studio gecheckt :-D
Molly ist jetzt auch you tube-
Star :-D

ULTRAGEILE MUSIK (3 VERSIONEN)

Der gefühlte 593. Versuch von meinen Top 10 Musikalben inklusiv mit ein bisschen Erklärung! Es ist nicht nur the very best von der Musik her, sondern Gefühl, Leben, Erlebnisse, Erinnerungen...

1) and then there were three (Genesis 1978 / viel später in den 10ern viel Melancholie durch Erinnerungen, Kumpels, KL 1978 himself - 1978 selbst war das Album eine Enttäuschung, der Übergang von Progrock zu Mainstreamrock, aber auch damals Favoriten von Burning Rope, The Lady Lies...)

2) The Dark Side Of The Moon (Pink Floyd 1973 / Mein ewiger Albumfavorit Nr 1 seit 1976! Durch Englischnachhilfelehrer mit Time-Song und Übersetzung und Diskussion. Und M.B... Hab ich gefühlt 20000 x gehört...)

3) Wind and Wuthering (Genesis 1976 / 1976 war DAS Jahr zum Plattensammleranfang, durch Genesis, Pink Floyd, Beatles etc. In meinem Kellerzimmer in meinem Elternhaus war am Wochenende morgens nach den Spelunkenabenden oder Discotrips immer im Bett bis mittags und neben mir Wind and Wuthering, A Trick Of The Tail etc...)

4) "Weiße Album" (The Beatles 1968 / Hatte ich schon 1975 gekauft. Ich war schon 1973 großer Fan von den Fab Four. Hatte viele Songs vom Radio zu Casetten. Legendär: Facts & Platten von den Beatles, SWF 3 von Frank Laufenberg)

5) Ghost in the Machine (The Police 1981 / Police war jahrelang meine Lieblingsband - eigentlich ja Genesis, aber um 1980... Police war so genreübergreifend und total cool und auf den Punkt. Dieses Album ist speziell!)

6) Harvest (Neil Young 1972 / Mein Seelenverwandter... Die typische Blaupause für Lagerfeuer, AcousticGitarre, Kiffen, einfach 70er! Und D.P. sang immer im Auto Comes A Time - sorry, anderes Album, lach)

7) Hounds Of Love (Kate Bush 1985 / seit 1978 ist sie meine Fee. Ich hätte auch Alben wie The Kick Inside oder Lionheart schreiben können. War ein Gag mit einem Kumpel: ich komm freudig zu ihm mit Hounds Of Love und was hörte ich: dieses Album - und er lachte, hahaha... Der geilste Song ever ist aus Lionheart: Hammer Horror!)

8) Ballhaus Pompös (Udo Lindenberg 1974 / in den 70ern war überall Lindi, TV-Eigenshows oder Autocasettenrecorder bei einem Kumpel)

9) Nina Hagen Band (Nina Hagen Band 1979 / das beste deutschsprachige Album aller Zeiten!! Viel Frauenpower, geile Stimme, Selbstbewusstsein! Den Song Der Spinner hat Juliane für mich gesungen - fast wie die Nina...)

10) Made In Japan (Deep Purple 1972 / das geilste Livealbum ever!! Nachbarn - waren Rockerchefs - hatten das Album für mich kennengelernt. Ich war total erstaunt! Nach Beatles und Teeniemusik aufeinmal Highway Star, es war wooow!)

OMG, die 10 Alben sind schon rum... Kein Led Zeppelin! Kein Guns n Roses! Kein Coldplay! Etc etc! Trotzdem: es ist ein musikalischer Lebenslauf oder sowas...

An diesem Tag war ich cool drauf: Super Rock History am 03.01.2020... 1 Monat später ging moi Katzemäädsche auf die Regenbogenbrücke...

3. Januar 2020

Jahrtausendmusik!!!!

Neue Version Auf-den-Punkt1 NUR EINS!!!!

PROGROCK - die frühen Genesis (bis 1978), Sänger Peter Gabriel (Supper's Ready, Firth of Fifth, Carpet Crawler, Fly On The Windshield, The Musical Box...), Sänger Phil Collins (Blood On The Rooftops, Ripples, Burning Rope, Afterglow...). Filigrane Epen., Boss ist Tony Banks!

ELEKTRO - Pink Floyd in allen Facetten mit Experimenten, in ihrer Zeit voraus: Time, Us And Them, Comfortably Numb, Dogs, Sheep, Careful With That Axe Eugene... Film: The Wall (mit Bob Geldof), Roger Waters war mit den meisten Kompositionen.

ALLTIME DES 20. CENTURY IN THE HISTORY ODER SO - The Beatles (Fab Four), alle Songgenres, Komponisten, alle Leadvocals, jedes Jahr(!) mit Meilenstein-LP, Produktionsexperimente, 5 Filme, Songs mit A Day In The Life, Penny Lane, Strawberry Fields Forever, All My Loving, A Hard Days Night, Help, Yesterday, Helter Skelter, While My Guitar Gently Weeps, Something, All You Need Is Love, Eight Days A Week...

PREMIUMCOOLTANZSEX - Chic, Nile Rodgers ist der Boss, waren nur 3 oder 4 Jahre (gerade 1978/79!), aber auch im 21. Jahrhundert die Premiumerinnerung! Es ist einfach CHIC: I Want Your Love, Le Freak, Good Times, und viele Covers...

HARDROCK - Deep Purple, am Besten mit Mark II (der Insider weiß das): Highway Star, Black Night, Smoke On The Water... Außerhalb von Mark II: Burn, April, Vincent Price...

DIE ROCKBAND ÜBERHAUPT - Led Zeppelin, in den 1970ern waren sie Stairway In Heaven! Bluesrock, Hardrock, Dialoge zwischen Gesang (Plant) und Gitarre (Page). Referenz: das Konzertvideo The Song Remains The Same!

DER BOSS - Bruce Springsteen, er war/ist der "Boss" zum US-Volk, American Way Of Life mit Born To Run, Darkness In The Edge Of Town, Born In The USA..

MEIN SEELENVERWANDTER - Neil Young, auch Songs zum American Way Of Life, mit Lagerfeuer-Romantik oder Grungegitarre, feat. Cowgirl In The Sand, Heart Of Gold, Rockin In The Free World, Hey Hey My My, Trasher...

DISCO - Donna Summer, I Feeeel Loooove...

TECHNO - Marusha, Raveland Raveland

HIP HOP - 2 Pac, ER ist die Nummer 1, R.I.P.

TRIP HOP - Massive Attack, Teardrop- Jahrhundertsong

METAL - Metallica, Master! Master!

Und dann noch das und das und das... Rock n Roll (Elvis Presley), diverse Deutschstunden (Udo Lindenberg, Nena, Rammstein, was weiß ich...), Motown (The Supremes), Jazz (Miles Davis), Punk (Sex Pistols), Blues (Blue Jeans Blues / ZZ Top) und und und.... Ach ja, DAS noch:

MINIMALROCK - The Police, Reaggae, Rock, Minimal Music, Mainstreampop... und nur 3 Members!! Roxanne, Message In A Bottle, Every Little Thing she does Is Magic...

80er ROCK HISTORY - U 2, New Years Day, Sunday Bloody Sunday, With or Without You...

Ich weiß, ich weiß... Dire Straits, The Who, Herbert Grönemeyer, Kate Bush (Zauberfee, Hammer Horror), Sade (Why Can´t We Just Live Together), Stevie Wonder, Jethro Tull, Frank Zappa, Abba, Prince, AC/DC, David Bowie... Es gibt soooooooo viele PremiumMusik!!!!!!!!!!!!!!!!!!

3 LIFE-SONGS C P 31.12.2022 by Gerd Steinkoenig

Beste Gewohnheits-Nr. 1-Song: Stairway To Heaven (Led Zeppelin)

Beste Nr. 1 aus meinem Buch-Bestseller (siehe amazon) " Die Story von populärer Musik": Tou Va Changer (Michel Fugain & Le Big Bazaar)

Beste Geheimtipp-Nr 1: A Man I'll Never Be (Boston)

3 LIFE-ALBEN C P 31.12.2022 by Gerd F Steinkoenig

Beste All Time Album Forever: The Dark Side Of The Moon (Pink Floyd)

Bestes Album aus meiner Lieblingsband: Wind & Wuthering (Genesis)

Bestes Album aus meiner Musikeinführung mit ca 14: " Weiße Album" (The Beatles)

3 DEUTSCHSPRACHIGE SONGS C P 31.12.2022 by Gerd Gerd

Cowboy Rocker (Udo Lindenberg)

Der Spinner (Nina Hagen Band)

Der Weg (Herbert Grönemeyer)

LEBEN, FREIHEIT, TRÄUME, ZIELE

VORSATZ UND ÜBERLEGUNGEN 2023

C P Gerd Steinkoenig 01. Januar 2023

Wow! Zeit ist relativ! Vor 50 (!!) Jahren war 1973!

Das heißt:

50 Jahre The Dark Side Of The Moon (Pink Floyd)

50 Jahre Selling England By The Pound (Genesis)

50 Jahre Rotes Album, Blaues Album (The Beatles)

Und lustige Gassenhauer:

50 Jahre Ballroom Blitz (Sweet)

50 Jahre Can The Can (Suzi Quatro)

50 Jahre Radar Love (Golden Earing)

Aber jetzt Vooorsatz:

Immer schwer mit Vorsätzen

Meistens nur ein Momentum

Es geht um meine freiheitliche Zukunft

Ich möchte meine innere Ruhe mit Geistesstärke

Weiterhin hab ich meine Lebensziele, Lebenspläne

Ich bin momentan hin und her:

Soll ich für immer in my AnnweilerResidence?

Immer sehr gut mit der AnnweilerMentalität!

Wäre aber auch gut mit Landau in der Pfalz!

Ich müsste weniger mit dem Zug fahren...

Annweiler ist geil, aber Landau ist auch geil!!

Ich brauche meine Befreiung mit Betreuer-Diktatur!

Im Endeffekt: übertrieben...

Trotzdem sag ich nur: Betreueranwältin...

Mein seit Ende 2019-Betreuerkumpel ist einigermaßen cool

Aber von der Vergangenheit her waren Betreuerknaller:

Beispiel: Mrs P - von Katzemäädsche (einfach ohne Grund

zum Tierarzt - und ich war in der Klinik/ März 2018) bis

verlorene Backengebiss (Frühherbst 2019) etc.

Ich will meine Autonomie, Freiheit, Kampf, Mut, Wille!

Tja, Vorsätze! Eine bestimmte Liebe, Gemeinschaft!

Und weniger Sarkasmus, Zynismus, Demut von mir...

Aber ICH BIN ICH!!

Meine Selbstständigkeit, meine reine Gesundheit

MEIN LEBEN!! Disziplin mit Vernunft!

KEINER HÖRT DEM ANDEREN MEHR ZU

8. Januar 2016

Deutschland steht vor einer Zäsur! Durch die Gesellschaft geht ein Riss. Jetzt sagen viele, das ist alles gesteuert durch Politik, Meiden und den berühmten "Organisationen". Für Verschwörungstheoretiker sind momentan echte Festtage. Es mag sein, das Politik und Co eine Rolle spielen. Die Gesellschaft selbst stellt sich ein Bein. Die Meinungen von Andersdenkenden wird nicht mehr akzeptiert. Nach dem Motto: jeder darf seine Meinung sagen, so lange es meine ist.

Ich habe mich seit Tagen mit den Übergriffen auf Frauen in Köln beschäftigt. Habe Berichte gelesen, von Nazihetzern und sogenannter "Lügenpresse", Aufsätze mit vernünftigen Lösungsvorschlägen und Morddrohungen gegen Flüchtlinge. Mein Eindruck: den Meisten geht es nicht um die armen Frauen in Köln, Hamburg und Anderswo, sondern um die Durchsetzung eigener Interessen. Und auf facebook beobachte ich, wie viele FreundInnen wie die Lemminge den einschlägigen Hetzpostings hinterherrennen. Der neueste Schrei heute ist in diverser Ausfertigung "die Armlänge, die Frauen Abstand halten sollen, mit Knarren in der Hand", wegen dem gestrigen - zugegeben missglückten - Spruch der Oberbürgermeisterin von Köln (wahrscheinlich haben die meisten vergessen, das sie vor Monaten Attentatsopfer vom rechten Mob wurde). Das wird die begrapschten, gedemütigten, beklauten Frauen in Köln bestimmt trösten, ach wie witzig.

Ich versuche zu differenzieren, die Wahrheit herauszufinden und kenne sie nicht. War wohl so, das Nordafrikaner und Araber die Täter waren. Das ist absolut unakzeptabel, und bei Nachweis der Straftaten, bin ich auch durchaus für eine sofortige Abschiebung. Aber viele Fragen sind noch unklar, was wirklich geschah, warum keiner den Frauen half (wo ward ihr stolzen Deutschen Männer?), das Verhalten der Polizei usw. Auf facebook kennen viele schon ihre Wahrheiten. Ich meine BEIDE SEITEN, EGAL OB "GUTMENSCH" ODER "BESORGTER BÜRGER", BEIDE SEITEN KOCHEN IHR PROPAGANDA-SÜPPCHEN. KEINER HÖRT DEM ANDEREN MEHR ZU!!!! Heute hat eine eigentlich gute fb-Freundin einen Post auf ihrer Chronik gelöscht, den ich ihr schickte zu diesem Thema, weil es halt nicht ihrer Meinung entspricht.

Wenn Deutschland so weitermacht, mit gegenseitiger Respektlosigkeit, mit gegenseitigen Beleidigungen, mit gegenseitiger Meinungsdiktatur usw, dann machen wir immer einen weiteren Schritt Richtung Schlucht.

Das war 1 3/4 Jahre vor meinem Schlaganfall. Natürlich kann ich gut artikulieren und schreiben! Aber irgendwie anders - oder lest es einfach zum vergleichen...

„Solange man seine Träume lebt
und sich nicht von anderen
vorschreiben lässt, wie man zu
leben hat [...], hat das Leben auch
und gerade als älterer Mensch
einen tiefen Sinn."
Dieter Hallervorden

ERKENNTNISSE

ERKENNTNISSE UND ELTERN C P 07. Januar 2023

By Gerd Steinkoenig Gerd F Steinkoenig Gerd Gerd

Mit 63 bin ich ganz anders drauf wie 26

Früher mehr Idealismus, Naivität, Horizonte

Jetzt auch Horizonte, aber erwachsene Vernunft

Lebens- und Altersweisheit, weniger Lebenszeit

Früher mehr Träume, Fernweh, Zukunft

Jetzt auch Träume und Zukunft

Aber mehr Lebensphilosophie, Lebenssinn

Ist ja durch die Lebenshorizonte geil

Aber mehr Sarkasmus, Zynismus

Mit Verbitterung wegen der New Humans

Verbitterung wegen meinen Eltern

Natürlich Lebensfreude, Lebenspläne

Lebensneugierde, Lebensziele

Ich hab meine positive Lösungen, Erfahrungen

Aber Vater war ein A-Mann am rechten Rand

Erst ca 1972, 1973 hab ichs geschnallt

Vater war mein Held, er war schließlich Vater

Es musste so sein, wie seine Meinung war

Als Kriminalbeamter, seine vorgefassten Meinungen

Dadurch hatte ich kaum Selbstvertrauen

Ich habs immer geschafft mit meinem Leben

Schule, Berufe, Frauen, die geilen Zeiten mit

Smile, Ting, Trocadero, Old Vienna, Why Not

Aber ich konnte nicht, was ich wollte

Trotz Volljährigkeit, aber auch mit 24, blabla

1986 Ausbruch mit L.S. in die Globetrotter-Tour

Zeitloses Paradies mit "Chocolata" und Freude

1987 Auszug mit einer Freundin in meine

Eigene Wohnung

Versteht Ihr mich? 1959 war mein Geburtsjahr

1986 und 1987 ist natürlich mehr als 18

Ihr denkt: hättest du es einfach durchgezogen

Ich hatte Möglichkeiten, aber mit Vater

Mutter ist der Klon von Vater

Vater ist seit 2017 tot, Mutter ist in Spanien

Kein Respekt von meinen Eltern zu mir

Mutter ist es egal, wie ich in Zukunft da mache

Mit meinen Plänen, Zielen, Gesundheit

Meine Befreiung war mein Umzug

Nach Annweiler

Neues Leben, Freiheit

Dann kam 2017 mein Schlaganfall

Und wieder keine Freiheit

Wegen Betreueranwältin etc etc

Ich hatte diverse Wege, hätt ich doch

Aber in der Zeitoase ging es nicht

1979/80 Job in Gerolstein (Eifel)

Unabhängigkeit und neue Perspektiven

Ging doch nicht

Ach ja wegen den Eltern

In Gerolstein hatte ich Bundeswehr

Da war mehr Power durch den BW-Rudel

Aber Eltern sagten: du bist verroht

Nochmal: ich war über 18

Sie lehrten: so lange ich allein bin, ohne Freundin

Sind Sie der Chef im Ring

Natürlich hatte ich Freundinnen

Es ging aber um die Eigenständigkeit des Paares

1987 hatte ich - wie geschrieben - Eigenständigkeit

Aber schon wieder Eltern-Einmischung

Ich hatte diverse Wege, hätt ich doch

1984/85 Jobs in Mannheim

Es war so geil in Monnem, aber

Oder 2010/11 mit der Referat Kultur, aber

Ich hatte auch viele Fehler

Zu wenig Selbstvertrauen, zu viel Früchte

Mit Bierchen, Kiffen, Partys

War wirklich geil, aber es war zu viel

Mit Bierchen, Kiffen, Partys

Vielleicht dadurch den Schlaganfall

Ich weiß es tatsächlich nicht

Wenn die Eltern anders drauf gewesen wären

Hätte ich mehr Power, Jobs, Familie gehabt

Und womöglich kein Schlaganfall

Aber das sind nur Szenarien

Ich hab bei meinen Büchern nur wenig angefangen

Mit Vater, Mutter, nur ein Satz und so

Diesmal aber richtig in "meinem Best of" mit MuVa

Seit 2017 hab ich endlich mein Selbstvertrauen

Mein Kampf, Mut, Wille, Disziplin

Meine Reinheit, Gelassenheit, Gesundheit

Es gibt viele Leben im Leben

Ich hab meine positiven Ziele in Demut

7. Januar 2019

Ab heute ZDF-Mediathek mit DER KOMMISSAR (1969 - 1976). Eigentlich Dreharbeiten ab 1968, aber heute war die Erstausstrahlung von DER KOMMISSAR! Dies ist DIE deutsche Fernsehserie! Episoden wie "Ratten der Großstadt" oder "Grauroter Morgen" sind unvergessen! Erik Ode war der Kommissar, seine Leute wie Fritz Weppper (später Elmar Wepper), Günter Schramm, Reinhard Glemnitz und natürlich "Rehbeinchen". Der Plot ist das Momentum der BRD: APO 1968, Generationskonflikte mit alt (kennen noch das Dritte Reich...) und jung (Hippies, Drogensüchtige...). War schwarz/weiß, obwohl es ab 69 oder 70 auch farbig hätte können. Aber diese schwarz/weiß-Aura... Immer Zigaretten, IMMER, Alkohol mit Bier, Schnaps, Wein, IMMER.... Und Superstars: Lili Palmer, Helmut Käutner, Curd Jürgens, Sabine Sinjen... Und Musik: Lobo (Nr. 1-Hit durch die Serie), Jimi Hendrix, Rolling Stones, Les Humphries Singers... Diese Dialoge, diese Namen, geile BRD-Zeitoase! In diesem 08/15-Tätärä 2019 gibt es diese Serien nicht mehr!!! War erste Krimiserie bei der traditionellen ZDF-Freitagskrimi...Referenz: ausführlicher im Buch 1 "Blood On The Rooftops" (2017) und der Buchwälzer "Der Kommissar".

Schlaganfall-Klinik 2017

Gerd Steinkoenig

7. Januar 2018 ·

Rheinhessen-Klinik Alzey, Knastterasse und Patientengang mit meiner "6". Ist von meinem
anderen Handy, wo ich es technisch nicht hinkrieg. Über 400 Fotos hatte ich, viele von
meinem Außenspaziergang in Bad Bergzabern... Schönen, entspannten, liebevollen Sonntag,
Ihr Lieben 😊 ❤

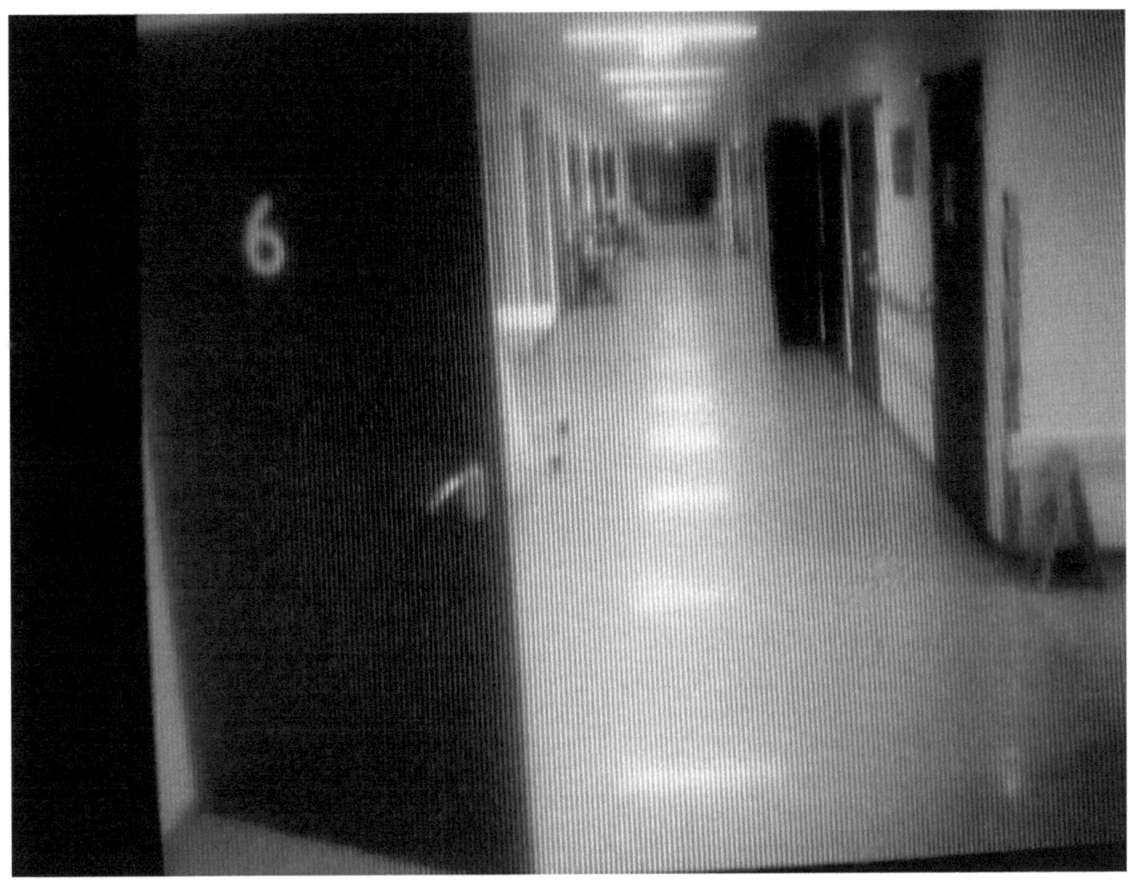

Gerd Steinkoenig

30. Dezember 2022 um 17:03 ·

Mit Deine Freunde geteilt

War nach Landau mit dem Zug. War eben Dezember-Regenwetter, aber trotzdem: in der wunderschönen Südlichen Weinstraße (Annweiler, Birkweiler etc) und Landau ist es immer megageil! DAS ist meine Heimat!!

ERKENNTNISSE TEIL 2

ERKENNTNISSE UND ELTERN TEIL 2

C P Gerd Steinkoenig Gerd F Steinkoenig Gerd Gerd

08. Januar 2023

Es ist ein Blut von Eltern und mir

Großvater, Vater von Vater

War mein Lieblingsverwandter

Ich sehe ab und zu in den Zeitschriften

Über Freunde mit Eltern, Familie

Das eine Vertraute Gemeinschaft ist

Aber bei mir nicht

Bei meiner Kindheit, Jugend wars gut

Ich hatte meine individuellen Wegen

Natürlich machte ich Fehler

Aber Machtwort und basta mit Eltern

Es war schön mit Pilze sammeln

Mit Vater

Oder Sonntags beim SpVgg ESP

Dämmerschoppen in Südtirol

Beim Betzenberg mit dem FCK

Mit Vater

Mutter war übervorsichtig

Am Besten Weichfolie mit mir

Ich könnte ja stürzen

Großvater war meine Nr 1

"Falls du einem Kind oder einem Tier Leid zufügst, kann man mit Sicherheit be-haupten, dass du ein Idiot und ein Scheißkerl bist."
Sean Connery

26. Dezember 2022 um 20:44 ·

Zeiten ändern sich! Nicht nur aus Zeitgeist, sondern auch Oberflächlichkeit und Dummheit...
Jaaa, ich weiß, mein Running Gag "scheiß Menschen"... Noch sind einige Jahre mit Edgar
Wallace, Hill/Spencer, Miss Marple etc etc... Es ist schön, das Filmklassiker auch heute noch
dabei sind (in den Tagen von Einer flog über das Kuckucksnest bis 2001...). Bei der Musik ist
es schwieriger, das old music da ist, weil zu viel Wegwerfware ist: durch Streamingtechnik,
kein Interesse an Alben etc... Was ist ein Coldplay? Ist Elvis ein Toilettenartikel? Irgendwann
ist es absolut vergessen mit Filmen, Serien, Musikstücke... Irgendwann nur
Mainstreamalcorythmen von The Beatles bis Jodie Foster bis Columbo und äääh Edgar
Wallace... Nur noch Streaming überall, kein analoges Fernsehen, Stereoanlage... Nur in ein
paar Jahren... Und mit dem Smartphone haste morgens um 8h die neuesten
Uniformierungssongs und Mainstreamserien...

26.12.22 Gerd Steinkoenig Gerd F Steinkoenig Gerd Gerd

ZEIT Teil 3/13.12.2022: ENTSCHEIDUNGEN

Immer wieder mein Lieblingsthema ZEIT

Nicht nur Erinnerungen, Zeitoasen, sondern

Mein LEBEN

Seit meinem Schlaganfall hab ich new life

Positive Gegenwart für positive Zukunft

ME mit Reinheit, Gelassenheit, Gesundheit

ME mit Sicherheit, Heimat, Gewohnheit

ENTSCHEIDUNGEN nach einem Anruf

2 1/4 Stunden (!) hatten wir uns unterhalten

Nach 30 Jahren (!)

Es ist egal für Euch wer es war, aber DANN:

Es ging um meinen positiven Lebensweg

Mein wie immer-Lebensweg mit

Meinem Lieblingsbaum, mein Gässchen,

Mein Berg, meine Natur, meine Leute

Damit ich wohlig leben und genießen kann

Das Schicksal ist schon lustig:

Am gleichen Abend hatte ich im fb

Bei den "Erinnerungen" meine Lyric gepostet,

Mein Favorit LEBENSSONNE, einige Tage nach

Meinen 3 Schlaganfall-Kliniken

ENTSCHEIDUNGEN!

Ich möchte nicht mehr anrufen, chatten etc

Vielleicht ruft der Mensch mich an

Aber ich rede dann mit dem Mensch

ENTSCHEIDUNGEN!

1 Tag später (also von heute) nach dem Anruf

Hatte ich Nachwehen, Gedanken, Erkenntnisse

Hatte noch ein Heft aus den 80ern erworben

Mit Dallas, Nena, Michael Jackson, Dirty Dancing

ZEITEN...

Aber ich genieße meine Gegenwart für

Meine positive ZUKUNFT mit Reinheit und Zuversicht

Zeit wird nicht eingeholt

Vergangenheit ist nur Vergangenheit

Ich will Lebensfreude, Lebenspläne, Lebensneugierde

ENTSCHEIDUNGEN

KAPITEL 7 - ONE! THAT´s ME!

16. Dezember 2022 um 20:43 ·

ONE (THE BEST)

16.12.2022

Mensch: Großvater (1895-1987)

Ideal: Ich (Versuch in Progress)

Seelenverwandter: Neil Young

Liebe: Katzemäädsche Molly (2005-2021)

Musikband: Genesis (Supper's Ready...)

Sängerin: Kate Bush (Hammer Horror...)

Sänger: David Bowie (Berlin-Times: Heroes...)

Film: Das Schweigen der Lämmer (Jodie Foster!)

TV-Serie: Miami Vice (Deutsche Serie: Der Kommissar)

Literatur: Stephen King (Shining, Christine...)

Heft: Eclipsed (Hauptthema: Progrock)

Kunst: Die Beständigkeit der Erinnerung (Dali)

GS-Buch davor 9/17: Blood On The Rooftops (Jan 2017)

GS-Buch danach 9/17: Die Story von populärer Musik (Sept 2021)

GS-Jahre: 1973, 1978, 1982, 1986, 2005, 2015, 2017, 2022

THATs ME ☺ Gerd Steinkoenig Gerd F Steinkoenig Gerd Gerd

Gerd Steinkoenig

17. Dezember 2022 um 21:12 ·

Mit Deine Freunde, Gerds Freunde und Gerds Freunde geteilt

Teil 2 von ONE: Infos der ONE-Rubrik Best GS-Jahre ☺

Siehe ONE in meinem Account (oben gepinnt) / von Mensch bis Musik bis Literatur etc...

1973 - Hauptschule, Ölkrise (Sonntagsfahrverbot), ZDF-Hitparade, mein Ewigalbum The Dark Side Of The Moon von Pink Floyd (kannte ich aber nicht - war erst ca 1976), dafür war Iljas Disco und Bravo mit Sweet oder Slade oder Suzi Quatro...

1978 - letzte Monate mit Fa Hornung KL (Großhandel), ab Oktober Bundeswehr (Gerolstein), Zelturlaub mit Rodenbachern in Lindenberg, in KL Smile bis Ting, and then there were three (Genesis, und weitere LPs) plus Pink Floyd, Supertramp, Udo Lindenberg, Jethro Tull, Nina Hagen Band, Frank Zappa...

1982 - D.P., C.H., M.K., R.N... "Africa" (Toto), New Romantics-Music, The Police, wohnhaft in Mannheim (ausgegangen nach Heidelberg) mit meinem JVA-Job...

1986 - zeitloser Sommer-Globetrotter-Trip in Frankreich, Spanien, Schweiz (Avignon, Llorret, Genf...) mit L.S. Wer hätte das gedacht in diesem Momentum, das es mein letzter Auslandstrip war... Wer hätte das gedacht, was noch kam... Meine 3 Auto-CDs im Trip: So (Peter Gabriel), Invisible Touch (Genesis), Black Celebration (Depeche Mode)...

2005 - moi kläänes BabyKatzemäädsche Molly miaute und guckte mich an: "ich bins"... Sommer mit Gartenschau-Einlasskontrolle und J...

2015 - Umzug von KL nach Annweiler: die beste Entscheidung meines Lebens!! Freiheit, Freude, Zukunft!

2017 - Vertrag als Seniorenbetreuer, meine 7 ISBN-Bücher geschrieben ("davor"), 1 Tag nach der Bundestagswahl (September) Schlaganfall...

2022 - viele ISBN-Bücher "danach" geschrieben (besonders 2022), über 5 Jahre Reinheit/Gelassenheit/Gesundheit, Selbstvertrauen mit Ziele und Pläne (Umzug? Liebe? Kreativität?), ALLES IST GUT ☺

17.12.2022 Gerd Steinkoenig Gerd F Steinkoenig Gerd Gerd

PhotoMania

Gerd Steinkoenig hat eine Erinnerung geteilt.

30. Dezember 2022 um 16:55 ·

Mit Deine Freunde geteilt

Wie ich vor 5 Jahren drauf war...

Vor 5 Jahren

Deine Erinnerungen anzeigen

Gerd Steinkoenig ist in Annweiler am Trifels.

30. Dezember 2017 ·

Mit Öffentlich geteilt

TAGEBUCH Nr. 4 / 30. Dez. 2017

2017 war einschneidendes Erlebnis... Am 17.2.17 verstarb mein Vater, im März/April 2017 wurde meine Seniorenbetreuerberufung von einer neidischen, missgünstigen "Menschenfrau" gemobbt und entlassen, Jobcenter hatte "geschickt" (bevor ich die Gerichte 5 vor 12 ließ).Mutter hatte Kräfte für sie geraubt, ich hatte - unvernünftig! blöd! überpaced! - einen Tag nach der BTW (AfD war schuld!!!!) die Spielshow "Schlag den Gerdsche" gehabt! Schlaganfall! 1 Monat erst nach den Kliniken, ich kämpfe, Ruhe, Gelassenheit, Disziplin, Gesundheit, Heilung! Aus mein Leben ist vieles anders. "gezwungen" kein Nikotin, Alkohol, 3 Schlücke pro Tag Kaffee, desweiteren "und so"! Disziplin! Aus dem Kopf ist regelmäßig Tagesstruktur, neue Party (der cool und heiter war!!), Neugierde im neuen Leben! Zukunft war ab und zu Angst, leider! Aber seit Tagen und Wochen wird es immer positiver, Tatendrang, Neues erleben! Freunde: mehr bewusst ☺ ❤

In Landau im Städtischen Krankenhaus hatte ich "naturstoned" in den ersten 8 oder 10 Tagen. Station 42 in der Notaufnahme. 42! Siehe Wikipedia "42 (die Antwort)"... Abendröte in gelber Sonne... In Alzey durfte ich in einer Frühreha in der Neurologie in die Knastinsel! Nach einer Autobahnauffahrt lag ein Städtchen, und paar Meter weiter Schlagbaum und Dörfcheninsel mit weißen Häusern und idyllische Natur. Freiheit ist für mich ein neues Wort! Sonntags war ich in einer "Knastterasse" (Fenster mit quere, schmale Luft), davor Natur und entfernt die Autobahngeräusche.Im Himmel einen Schwarm Vögel: FREIHEIT!!!!! Wie im Film "Die Verurteilten" war ein ca.7 x 7 m "Location", umzäumt, hin- und her gegängelt - wie schaff ich die Wochen... Nach ca. 5 - 6 Wochen nächste "Taxifahrt": Reha in Bad Bergzabern. Einzelzimmer und tolle Aussicht von Ärztin, Pflegerinnen, Sozialanwalt - VERARSCHUNG!!! LÜGE!!! Auf jeden Fall hatte ich 3 Wochen unpersönliche 08/15-Tätärä. Theraphien waren cool, aaaber... In Alzey hatte ich im Nachhinein einen positiven Aspekt! Da war es herzlicher, besser von den Pflegeriinnen, die Theraphien: Meine Seniorenbetreuung hatte 2 Psysios "beauftragt" und ich hatte einer Dame unterhalten. Zu ihr war auch ein guter Freund. Bis 20h zu dritt unterhalten (wie auch immer mit unseren Verständigungen, lach). Sie hatte einen Rollstuhl, die "Queen of Mensch ärgere dich nicht" mit dem süßen, roten Zöpfchen und nun umwarb ich für sie! Schade, das ich die Telefonnummer verloren hatte.

NACHWORT

Bei über 40 ISBN-Büchern ist viel weiteres dabei: meine Erinnerungen, Erlebnisse, Lyrics (z.B. Lebenssonne, Zeit, idylle...), Musikalben-Listen, Lebensphilosophie, Momentums, Fotos, Zeitoasen etc. - MEIN LEBEN!!

PS: im USB-Stick ist das Buch-Original mit vielen Fotos und weiteres...